NS-DOKUMENTATIONSZENTRUM MÜNCHEN

GEORG · SCHEEL · WETZEL ARCHITEKTEN

LERN- UND ERINNERUNGSORT ZUR GESCHICHTE DES NATIONALSOZIALISMUS

MUNICH DOCUMENTATION CENTRE FOR THE HISTORY OF NATIONAL SOCIALISM

HUBERTUS ADAM (HRSG.)

INHALT
CONTENTS

HUBERTUS ADAM
SUBTILE ABSTRAKTION, BEWUSSTE DISTANZ

DAS NS-DOKUMENTATIONSZENTRUM VON GEORG · SCHEEL · WETZEL ARCHITEKTEN

Der Königsplatz in München gilt als ein Meisterwerk der klassizistischen Stadtplanung. Im öffentlichen Bewusstsein ist er mit dem Namen Leo von Klenze verbunden, der die Glyptothek (1816–30) auf der Nordseite und die Propyläen (1848–62) im Westen errichtete, denen sich noch das frühere Kunst- und Industrie-Ausstellungsgebäude (1838–45; heute Antikensammlung) von Georg Friedrich Ziebland im Süden beigesellt; doch die Konzeption des Platzes selbst geht auf den Architekten Carl von Fischer und den Hofgartenintendanten Friedrich Ludwig von Sckell zurück. Der früh verstorbene Akademieprofessor Carl von Fischer (1782–1820) ist heute fast nur noch Spezialisten bekannt und war doch eine prägende Figur im Münchner Baugeschehen nach 1800. Die Trias von Karolinenplatz, Königsplatz und Stiglmaierplatz in der Maxvorstadt als neugestalteter Auftakt des Fürstenwegs, der die Münchner Residenz mit Schloss Nymphenburg verband, war seine Idee und in den Jahren zwischen 1808 und 1814 errrichtete er eine Reihe von Villen um den Karolinenplatz, die sich durch klassische Proportionen, aber eine sehr reduzierte Anwendung von Dekorelementen und Schmuckdetails auszeichneten. Protegiert von dem aufgeklärten und kosmopolitischen Staatsmann Maximilian von Montgelas, der maßgeblich die Formierung des neuen Bayern unter Maximilian I. Joseph vorangetrieben hatte, bedeutete dessen Sturz 1817 für von Fischer mehr oder minder das Ende seiner Karriere. Der ehrgeizige, nur zwei Jahre jüngere Leo von Klenze nutzte die nationalpatriotische Stimmung und drängte seinen

HUBERTUS ADAM
SUBTLE ABSTRACTION, DELIBERATE DISTANCE

NS DOCUMENTATION CENTRE BY GEORG · SCHEEL · WETZEL ARCHITEKTEN

Königsplatz in Munich is considered a masterpiece of classical urban planning. In the public's awareness, it is associated with the name of Leo von Klenze, who built the Glyptothek (1816–30) on the north side of this square and the Propylaea (1848–62) to the west, which are still accompanied by the former Art and Industry Exhibition Building (1838–45; today the State Collections of Antiquities) by Georg Friedrich Ziebland to the south. However, the conception of the square itself dates back to architect Carl von Fischer and the court garden director Friedrich Ludwig von Sckell. Academy professor Carl von Fischer (1782–1820), who died young, is today known to almost nobody, except for specialists, and yet he was an influential figure in the post-1800 Munich construction scene. The triad of Karolinenplatz, Königsplatz and Stiglmaierplatz in the district Maxvorstadt, as a redesigned prelude to the so-called Fürstenweg (the route linking Munich's Residenz Palace with Nymphenburg Palace) was his idea. In the years between 1808 and 1814, he built a series of villas around Karolinenplatz, which were characterised by classical proportions, but with very reduced use of decorative elements and ornamental details. As Fischer was sponsored by the sophisticated and cosmopolitan statesman Maximilian von Montgelas, who had played a major role in advancing the process of forming the new Bavaria under Maximilian I Joseph, Monteglas's downfall in 1817 more or less meant the end of his career. The ambitious Leo von Klenze, just two years younger, made use of the

Linke Seite: Der Königsplatz aus der Luft, ca. 1918. Die beiden Wohnhäuser an der Ostkante (oben links) werden nach 1933 durch die NS-Bauten überplant. Left page: Königsplatz from the air, c. 1918. The two residential buildings on the eastern edge (top left) are replaced after 1933 by the Nazi buildings.

Rechts: Blick in Richtung Karolinenplatz: Das "Braune Haus" im Hintergrund mit den noch im Bau befindlichen Parteibauten und "Ehrentempeln". Right page: View towards Karolinenplatz: the "Brown House" in the background, with the party buildings and "honour temples" still under construction.

Rivalen aus dem Amt. Mit seiner neogriechischen Architektur etablierte Klenze in den Folgejahren gleichsam einen bayerischen Staatsstil, der einer anderen, deutlicher monumental geprägten Ästhetik folgte und damit eine Spielart des Klassizismus verkörperte, die eine Gegenposition zum schlichten Reformklassizismus Carl von Fischers darstellte.

Das Gebiet um den Königsplatz erhielt unter Leo von Klenze seine beherrschende Prägung, durch welche die Bauten von Carl von Fischer marginalisiert wurden; eine weitere Bebauungswelle der Maxvorstadt im ausgehenden 19. und frühen 20. Jahrhundert führte zur Verdichtung, insbesondere im Bereich von Lenbach- und Karolinenplatz.

1930 erwarb die NSDAP das zwischen Karolinen- und Königsplatz auf der Nordseite der Brienner Straße gelegene Palais Barlow, das gut ein Jahrhundert zuvor von dem Klenze-Mitarbeiter Johann Baptist Métivier errichtet worden war. Paul Ludwig Troost erhielt daraufhin den Auftrag, es zu einem „Parteiheim" umzubauen und zu erweitern. Das nunmehr „Braune Haus" wurde zum Nukleus einer sich schrittweise vollziehenden nationalsozialistischen Umgestaltung der Maxvorstadt. Von 1933 an erwarb die NSDAP im Bereich zwischen Gabelsbergerstraße, Barer Straße, Karlstraße und Arcisstraße mehr als 50 Grundstücke; für diverse Organisationen und Gliederungen der Partei wurden die bestehenden Gebäude teils umgenutzt, teils abgerissen und durch Neubauten ersetzt. Schon vor der entscheidenden

national patriotic mood and forced his rival out of office. In the following years, with his Greek revival architecture, Klenze established what could be described as a Bavarian State style, which pursued different, much more monumental aesthetics and thus embodied a variety of classicism that represented an opposite standpoint to Carl von Fischer's sober reform-classicism.

Under Leo von Klenze, the area around Königsplatz was given its dominant character, which caused Carl von Fischer's structures to be marginalised. Another wave of development in Maxvorstadt during the late 19th and early 20th centuries led to densification, particularly in the vicinity of Lenbachplatz and Karolinenplatz.

In 1930, the NSDAP purchased Barlow Palace between Karolinenplatz and Königsplatz on the north side of Brienner Straße. It had been built a good century beforehand, by Klenze's colleague Johann Baptist Métivier. Paul Ludwig Troost was then commissioned to convert it into a "home of the party" and to extend it. Now called the "Brown House", it became the nucleus of a gradually transpiring Nazi transformation of Maxvorstadt. From 1933 onwards, the NSDAP purchased more than 50 properties in the area between Gabelsbergerstraße, Barer Straße, Karlstraße and Arcisstraße. For various organisations and subdivisions of the party, some of the existing buildings were converted, whereas others were demolished and

Reichstagswahl begann der Aufkauf der Häuser im Kreuzungsbereich von Arcisstraße und Brienner Straße, welche die Ostflanke des Königsplatzes gebildet hatten; hier entstand ebenfalls nach Plänen von Troost das Parteizentrum mit dem „Führerbau" im Norden und dem „Verwaltungsbau" im Süden. Dazwischen schoben sich, die Einmündung der Brienner Straße in den Königsplatz markierend, die sogenannten „Ehrentempel" mit den Sarkophagen der „Gefallenen der Bewegung", also der NSDAP-Kämpfer, die beim Hitler-Putsch von 1923 ums Leben gekommen waren. Die ebenfalls noch von dem 1934 verstorbenen Troost verantwortete Pflasterung des Königsplatzes mit Granitplatten schuf für die Parteibauten einen gigantischen Vorplatz und degradierte die Gebäude aus der Epoche Ludwigs I. (Glyptothek, Ausstellungsgebäude, Propyläen) zu Kulissen am Rande.

Das Partei- und Kultzentrum der NSDAP in München war das erste Großbauvorhaben des Nationalsozialismus in München und präfigurierte mit dem von Troost kultivierten Monumentalklassizismus spätere repräsentative Bauvorhaben des Nationalsozialismus, ob in Berlin oder an anderen Orten des Reiches und der besetzten Gebiete. Zugleich zeugte es von der nach 1933 sich verstärkenden Landnahme der Partei in München – der Stadt, die für die Frühgeschichte der Partei von entscheidender Bedeutung war. Die Aktivitäten überformten die Maxvorstadt und eliminierten wichtige Zeugnisse des Klassizismus, darunter

Linke Seite: Der Königsplatz aus der Luft, 1934. Die Bau-
arbeiten des "Führerbaus" an der Ostkante (rechts) haben
begonnen. Left page: Königsplatz from the air, 1934.
Construction work on the "Führerbau" on the eastern edge
(right) has begun.

Rechts: Luftaufnahme des Königsplatzes nach Fertigstellung der NS-Planung 1935. Der mit Granitplatten belegte
Platz wird im Osten spiegelsymmetrisch von den "Ehrentempeln" und den Parteibauten gerahmt. Right: Aerial
photograph of Königsplatz after implementation of the Nazi
planning in 1935. The square, paved with granite slabs, is
framed by the "honour temples" and the party buildings,
with mirror symmetry.

replaced with new buildings. The acquisition of buildings in the area around the intersection of Arcisstraße and Brienner Straße, to the east of Königsplatz, had already begun before the decisive Reichstag election. Here, again based on plans by Troost, the party's centre was constructed, with the "Führerbau", or Führer's building, to the north and the "admi-nistration building" to the south. In between, marking the Brienner Straße / Königsplatz junction, the so-called "honour temples" emerged, with the sarcophagi of "the movement's fallen", meaning the NSDAP fighters who had died during Hitler's 1923 revolt. The paving of Königsplatz with granite slabs, for which Troost, who died in 1934, was also responsible, created a gigantic forecourt for the party buildings, reducing the status of the buildings from the Ludwig I era (the Glyptothek, the exhibition building and the Propylaea) to that of peripheral scenery.

This centre for the NSDAP party and cult in Munich was the first major Nazi construction project in this city and, with the monumental classicism cultivated by Troost, it prefigured subsequent representative Nazi structures, whether in Berlin, or at other locations within the Reich and the occupied territories. At the same time, it bore witness to the party's intensifying appropriation of land that took place after 1933 in Munich – the city that was of defining significance in the party's early history. This activity reshaped Maxvorstadt and

auch das eigene Wohnhaus und das Palais Degenfeld von Carl von Fischer. Zusammen mit den Zerstörungen des Zweiten Weltkriegs führte dies dazu, dass von Fischers Werk heute fast vollständig aus dem Stadtbild Münchens verschwunden ist.

Die Aufarbeitung des Nationalsozialismus begann an den Opferorten, für Bayern mit den KZ-Gedenkstätten Dachau und Flossenbürg. In Bayern wie auch in anderen Teilen Deutschlands tat man sich beim Umgang mit den Täterorten schwerer. Es waren die Orte der Administration des Verbrechens, und sie befanden sich – anders als die Orte des Verbrechens – vielfach in den Städten, also in der Mitte der Gesellschaft. Die auf Entlastung zielende Argumentation, man habe von allem nichts gewusst, verfängt hier noch weniger als an den Opferorten. Und überdies waren beide Orte systemisch verbunden: ohne Täterort kein Opferort.

Als Orte der Mitwisser- und Komplizenschaft, ja durchaus auch der personellen Kontinuität, werfen Täterorte unbequeme Fragen auf – in München beispielsweise die Frage, wie sich das NS-System unter Augen aller sukzessive weite Teile der Maxvorstadt aneignen konnte, um seinen Parteiapparat auf- und auszubauen. Es ist signifikant, dass eine ernsthafte Auseinandersetzung damit erst zu einer Zeit wirksam wurde, da die meisten Beteiligten nicht mehr am Leben sind.

Das Palais Barlow in der Brienner Straße. 1930 von der NSDAP aufgekauft und als "Braunes Haus" zur Parteizentrale umgenutzt. Barlow Palace on Brienner Straße. Purchased in 1930 by the NSDAP and converted into the party headquarters as the "Brown House".

eliminated key witnesses of classicism, including Carl von Fischer's own residence and his Degenfeld Palace. Combined with the destruction caused by the Second World War, this led to Fischer's work almost entirely disappearing from Munich's cityscape.

The reprocessing of national socialism began at the victim sites; for Bavaria, it began with the concentration camp memorials at Dachau and Flossenbürg. However, in Bavaria, like in other parts of Germany, the perpetrator sites were more difficult to deal with. These were the places of administration pertaining to the crimes and, unlike the scenes of the crimes, they were often in cities, i.e. in the midst of society. Here, the exoneration-seeking argument that there was no knowledge of what was happening is even less successful than at the victim sites. Moreover, the two sites were systemically linked: without a perpetrator site, there would be no victim site.

As sites of connivance and complicity, and indeed also of continuity with regard to personnel, perpetrator sites raise uncomfortable issues: in Munich, for example, the issue of how the Nazi system was able to gradually appropriate large sections of Maxvorstadt, right in front of everyone's eyes, in order to build and expand its party apparatus. It is significant that no serious engagement with this phenomenon took effect until a time when most of those involved were no longer living.

Lange Jahrzehnte dominierte eine Legierung aus Ignoranz und Verdrängung den Umgang mit den Täterorten. Das lässt sich paradigmatisch an der Geschichte des früheren Parteizentrums in München nach 1945 nachweisen. Während „Führer-" und „Verwaltungsbau", von Kriegseinwirkungen weitgehend verschont, schon zur Zeit der amerikanischen Besatzung für kulturelle Zwecke umgenutzt wurden, sprengte man die „Ehrentempel" Anfang 1947, verbarg die verbliebenen Sockel aber zunächst hinter Holzgerüsten. Zehn Jahre später wurden die Relikte bepflanzt, was zu der bizarren Situation geführt hat, dass der südliche Sockel als Biotop in die Liste geschützter Grünanlagen aufgenommen wurde. Einen späten Widerhall hat diese Strategie des „Gras-drüber-wachsen-lassens" 1987/88 in der Entfernung der Granitplatten des Königsplatzes und der nachfolgenden Begrünung, mit der vorgeblich der historische Zustand wiederhergestellt wurde. Dass die nationalsozialistische Geschichte des Ortes überhaupt in das öffentliche Bewusstsein zurückgekehrt ist, ist einerseits dem im einstigen, seit 1990 mit wildem Wein berankten „Verwaltungsbau" ansässigen Zentralinstitut für Kunstgeschichte zu verdanken, das 1995 eine Ausstellung zum Thema präsentierte, andererseits der hartnäckigen Arbeit von Bottom-up-Initiativen, die Aufklärungsarbeit angesichts offizieller Verdrängung geleistet haben. Ein Bürgergremium forderte 1996 einen der Berliner „Topografie des Terrors" entsprechenden Dokumentationsort und fand Gehör beim Bezirksausschuss Maxvorstadt. 2001 und 2002 sprachen sich der Münch-

Linke Seite: Die Trümmer der "Ehrentempel" im Vordergrund, dahinter die Ruine des "Braunen Hauses" (rechts). Left page: The remains of the "honour temples" in the foreground, with the ruins of the "Brown House" behind (right).

Rechts: Luftaufnahme des Königsplatzes vor 1988. Die Fundamente der "Ehrentempel" blieben als Fragmente erhalten, die von den Nazis gepflasterte Fläche wurde als Parkplatz genutzt. Right: Aerial photograph of Königsplatz before 1988. The foundations of the "honour temples" were retained as fragments and the area paved by the Nazis is used as a car park.

For long decades, a combination of ignorance and suppression dominated the way in which the perpetrator sites were dealt with. This is paradigmatically demonstrated by the history of the former party centre in Munich after 1945. The "Führerbau" and the "administration building", which largely escaped the effects of war, were already converted for cultural purposes during the American occupation. The "honour temples" were demolished at the start of 1947, but their bases remained and were initially concealed behind wooden scaffolding. Ten years later, vegetation was planted on the remnants, leading to a bizarre situation, in which the southern base, as a biotope, was added to the list of protected green areas. One late echo of this "let grass grow over it" strategy was the removal of the granite slabs from Königsplatz in 1987/88 and the subsequent planting of vegetation, ostensibly recreating the area's historical state. The fact that public awareness of the site's Nazi history was restored at all is firstly due to the Central Institute for Art History, which occupies the former "administration building" (covered with wild vines since 1990) and which presented an exhibition on the topic in 1995, and secondly due to the persistent work of bottom-up initiatives that have raised awareness in the face of official suppression. In 1996, a citizens' committee called for a documentation site, similar to Berlin's "Topography of Terror", and Maxvorstadt's district committee took notice. In 2001 and 2002, the Munich City Council and the Bavarian State Government pronounced themselves in favour of the project, but several years

ner Stadtrat und die Bayerische Landesregierung für das Vorhaben aus, doch es mussten noch einige Jahre ins Land gehen, bis die paritätische Finanzierung der Baukosten (von 28,2 Millionen Euro) durch Bund, Land und Stadt gesichert war und der einstufige Realisierungswettbewerb für ein NS-Dokumentationszentrum durchgeführt werden konnte. Als Bauplatz gewählt wurde die vom Bayerischen Staat als Eigentümer zur Verfügung gestellte Freifläche an der Nordseite der Brienner Straße, auf der sich einst das zum „Braunen Haus" umgebaute Palais Barlow befunden hatte. Dessen kriegszerstörte Reste waren 1947 abgetragen worden. Ganz bewusst besetzt das neue Dokumentationszentrum einen historisch belasteten Ort, der wie kein anderer den Aufstieg der NSDAP von ihren bayerischen Anfängen zur national erfolgreichen Partei repräsentiert.

Zusätzlich zu den 50 über ein EU-weites Beteiligungsverfahren ausgewählten Teilnehmern wurden zehn weitere renommierte Architekturbüros zum Wettbewerb zugeladen. 2009 sprach die Jury unter dem Vorsitz von Peter Kulka dem Entwurf des Berliner Büros Georg • Scheel • Wetzel Architekten den ersten Preis zu. In der Beurteilung des Preisgerichts heißt es: „Selbstbewusst wird der Würfel mit ausgeprägter Höhenentwicklung in den städtebaulichen Raum situiert. Er steht in starkem Kontrast zur Umgebung. […] Der vorgeschlagene Entwurf für das NS-Dokumentationszentrum ist in städtebaulicher und gestalterischer

passed before equal financing of the construction costs (28.2 million euros) by the nation, state and city respectively was secured, and the single-stage realisation competition for a Documentation Centre for the History of National Socialism could be held. The open area on the north side of Brienner Straße, where Barlow Palace (which was converted into the "Brown House") once stood, was chosen as the construction site and made available by the owner, the Bavarian State. The remains of the "Brown House", destroyed in the war, had been removed in 1947. The new documentation centre quite deliberately occupies a location that is burdened by history and, like no other location, represents the rise of the NSDAP from its Bavarian beginnings to a nationally successful party.

In addition to the 50 entrants selected in an EU-wide participation process, ten other renowned architectural firms were added to the competition. In 2009, the jury, chaired by Peter Kulka, awarded first prize to the design by the Berlin-based firm Georg • Scheel • Wetzel Architekten. The jury's appraisal reads as follows: "The cube, with bold height, is confidently situated within the urban space. It is in stark contrast with its surroundings. […] In terms of both urban development and form, the proposed design for the Documentation Centre for the History of National Socialism is an outstanding contribution to the task at hand, with an unmistakeable identity of its own." Unlike many of its competitors,

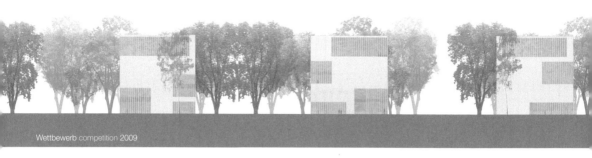

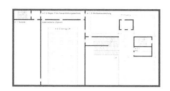

Hinsicht ein hervorragender Beitrag zur gestellten Aufgabe mit einer eigenen unverwechsel-baren Identität." Anders als viele ihrer Konkurrenten konzentrierten Georg • Scheel • Wet-zel das oberirdische Bauvolumen in einem prägnanten, die Bauten der Umgebung überra-genden Volumen, so dass es gelang, große Teile des zur Verfügung stehenden Areals frei zu lassen.

Nachdem der Kulturausschuss des Münchner Stadtrats dem Projekt am 18. Juni 2009 zu-gestimmt hatte, erfolgte die Überarbeitung im Rahmen der Vorplanung. Von Details abgese-hen, unterscheiden sich Wettbewerbsentwurf und ausgeführtes Gebäude in drei wichtigen Punkten. Erstens wurde auf die Bepflanzung des Vorplatzes mit Bäumen verzichtet. Bewusst wirken die unbebauten Flächen wie eine Leerstelle in der Textur der Stadt und setzen da-mit einen Kontrapunkt zur romantisierenden geschichtsvergessenen Begrünungsstrategie vergangener Dekaden. Zum zweiten wurden die drei separaten Erschließungen im Inneren in einem zentralen Kern vereint. Das führte gegenüber den ursprünglich eckorientierten zu nun ringartigen Ausstellungsflächen mit höherer Nutzungsflexibilität. Drittens wurden, nicht zuletzt aufgrund von wechselnden Vorstellungen der Nutzer während der Planungsphase, einzelne Teile des Raumprogramms innerhalb des Gebäudes verschoben. So finden sich beispielsweise die Räume für die Wechselausstellungen neu im ersten Obergeschoss und nicht mehr im Untergeschoss. Das hatte eine Neuanordnung der edukativen Bereiche sowie

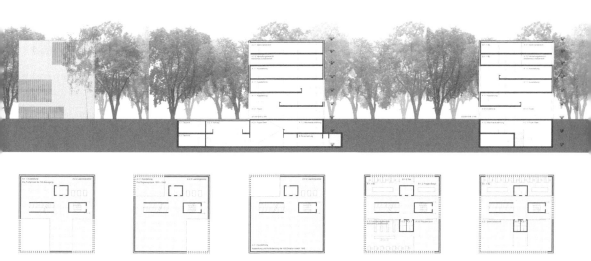

Georg • Scheel • Wetzel concentrated the above-ground construction volume within one concise volume that projects above the surrounding buildings, so that a large portion of the available land was left clear.

After the Munich City Council's cultural affairs committee approved the project on the 18th of June 2009, it was revised during preliminary planning. Details aside, the competition design and the realised building differ in three key aspects. Firstly, the idea of planting trees in the forecourt was abandoned. The undeveloped areas deliberately come across as an empty space in the texture of the city and thus serve as a counterpoint to the romanticising, history-forgetting vegetation strategy of past decades. Secondly, the three separate interior access-provision areas were combined in one central core. In contrast to the original corner-oriented exhibition spaces, this led to ring-like exhibition spaces with greater flexibility of usage. Thirdly, individual parts of the space allocation plan within the building were moved, which was, to no small extent, a result of the occupants' changing ideas during the planning phase. For instance, the spaces for temporary exhibitions are now on the first floor and no longer on a basement floor. The education areas and the auditorium in the base of the building were consequently rearranged. In the realised project, the fifth floor was separated from the public's circuit through the building, although considering the fact that this floor offers the best view of the surroundings, this is regrettable.

des Auditoriums im Sockel zur Folge. Das fünfte Obergeschoss wurde im realisierten Projekt aus dem öffentlichen Rundgang ausgegliedert, was allerdings angesichts der Tatsache, dass sich hier der beste Ausblick über die Umgebung bietet, bedauerlich ist.

2012 erfolgte die Grundsteinlegung, zwei Jahre später die bauliche Fertigstellung. Zurecht wurde entschieden, auf dem Gelände erhaltene Kellerrelikte des „Braunen Hauses" nicht zu bewahren. Denn wie die Erfahrung mit dem Gestapo-Gelände in Berlin lehrt, werden Kellerruinen entweder erdmystisch verbrämt oder als „Folterkeller" tituliert, selbst wenn es sich lediglich um banale Heizungsräume handelte. Daher haben die Architekten einer Inszenierung der Keller als archäologische Spolien widerstanden und damit ihr auf Abstraktion basierendes Konzept gestärkt. Am 30. April 2015 wurde das NS-Dokumentationszentrum als „Lern- und Erinnerungsort zur Geschichte des Nationalsozialismus" offiziell eröffnet.

Vom Königsplatz aus gut sichtbar, erhebt sich hinter dem unlängst vom camouflierenden Bewuchs befreiten Sockel des einstigen NS-„Ehrentempels" an der Brienner Straße ein enigmatisches Gebäude: Es ist kubisch in der Form, mithin abstrakt, und wahrt damit Distanz zur klassizistischen und neoklassizistischen Bebauung; es ist leicht höher als seine baulichen Nachbarn; und es besteht aus weißem Sichtbeton, nicht aus Naturstein. Das Thema der Abstraktion ist die grundlegende Idee des Neubaus. Mit dem Würfel wählten die

The cornerstone ceremony took place in 2012 and construction was completed two years later. It was decided that the on-site remains of the "Brown House" cellars would not be preserved, as experience with the Gestapo site in Berlin had shown that cellar ruins either get embellished with earthy mysticism or dubbed "torture chambers", even if they were just mundane heating rooms. As a consequence, the architects resisted presenting the cellars as archaeological spolia and thus reinforced their abstraction-based concept. On the 30th of April 2015, the Documentation Centre for the History of National Socialism was officially opened as "a place of historical and political learning for the future".

Clearly visible from Königsplatz, behind the base of a former Nazi "honour temple" that has recently been freed from camouflaging vegetation, an enigmatic building stands on Brienner Straße. As it is cubic in form, and thus abstract, it distances itself from the classical and neo-classical buildings; it is slightly taller than its neighbouring structures and is made of white exposed concrete, rather than natural stone. The fundamental concept behind the new building is the theme of abstraction. With the cube, the architects chose a form which exhibits a balance between the principles of standing and lying, which does not prioritise front, back, left or right, and which is thus always characterised by a self-referential element at its location; it is not without reason that the building breaks away

Architekten eine Form, bei der sich das Prinzip des Stehenden und des Liegenden die Waage halten, bei der es keine Priorisierung des Vorne oder Hinten, des Links oder Rechts gibt und die damit an ihrem Standort auch immer ein Element des Selbstreferentiellen eignet; nicht ohne Grund bricht das Gebäude von der Symmetrie der paarweise entlang der Nord- und Südseite der Brienner Straße stehenden Gebäude aus. Und mit dem Weiß des Betons wählten die Architekten eine Farbe, die sich mit den hellen Natursteinbauten des Umfelds zwar verträgt, aber sich in ihrer neutralen Klarheit doch der Komplizenschaft strikt verweigert und – ebenso wie die Form – die Autonomie zum Ausdruck bringt. Dies gilt auch für das Innere, wo weißer Sichtbeton für Decken und Wände sowie weißer Sichtestrich einen möglichst neutralen Hinter- und Untergrund für die Ausstellung bieten.

Das Gebäude zelebriert seine Andersartigkeit nicht, es zeigt sie schlicht; es verstört mit subtiler Irritation.

Georg • Scheel • Wetzel haben einen oberirdischen Würfel aus Weißbeton realisiert, mit einer Kantenlänge von 22,5 Metern; die ungefähr gleiche Anzahl an Kubikmetern findet sich auch unterirdisch, verteilt auf zwei Geschosse, wobei das Auditorium unter dem mit Platten belegten Vorplatz angeordnet ist. Unterirdisch ist ein großes Lern- und Vortragszentrum entstanden. Vom Foyer aus, das außer dem Empfangstresen im rückwär-

from the symmetry of the buildings lining the north and south sides of Brienner Straße in pairs. In addition, with the white of the concrete, the architects chose a colour that is compatible with the surrounding light-coloured stone buildings, but has a neutral clarity that strictly rejects complicity and (just like the form) conveys autonomy. The same is true of the interior, where the white exposed concrete of the ceilings and walls, and the white exposed floor screed offer the most neutral possible background and subsurface for the exhibitions.

This building does not celebrate its otherness, it simply displays it; it unsettles with subtle irritation.

Georg · Scheel · Wetzel has realised a white concrete cube above ground, with an edge length of 22.5 metres. Approximately the same number of cubic metres are also found underground, distributed between two floors, whereby the auditorium is positioned beneath the forecourt that is covered with slabs. A large learning and lecture centre has been created underground. From the foyer, which accommodates not only the reception desk, but also a small book shop at the rear, stairs lead down to the basement floors. The lecture hall has varnished oak parquet like the seminar areas and is situated on the 2nd basement floor. Along the gallery that opens onto the atrium, media workplaces are

orthogonal = rechtwinkelig

tigen Bereich auch eine kleine Buchhandlung beherbergt, führt eine Treppe hinunter in die Untergeschosse. Der wie auch die Seminarbereiche mit lasiertem Eichenholzparkett versehene Vortragssaal befindet sich im 2. Untergeschoss; auf der zum Luftraum offenen Galerie sind Medienarbeitsplätze angeordnet, die zum „Vertiefungsbereich" mit Seminar-räumen und Bibliothek gehören. Auch Garderoben und ein kleines, temporär nutzbares Café liegen im Sockel.

Vom Foyer im Erdgeschoss nehmen die Besucherinnen und Besucher den Lift ins 4. Ober-geschoss, wo die Dauerausstellung beginnt, und gehen dann abwärts. Die Dauerausstellung beansprucht das 4., 3. und 2. Obergeschoss; das 1. ist Sonderausstellungen vorbehalten. Das 5. Obergeschoss umfasst die Administrationsbereiche sowie Gruppenräume. Sämt-liche Erschließungen sind in einem Kern gebündelt, der innerhalb des Grundrissquadrats leicht exzentrisch angeordnet ist; beim Geschossrundgang ergeben sich damit schmalere Raumbereiche auf der Nord- und Ostseite sowie breitere Richtung Westen und Süden. Eine klare orthogonale Geometrie bestimmt nicht nur die Fassaden, sondern auch die Anordnung sämtlicher Räume im Inneren. Auf Symmetrie wurde explizit verzichtet, und so ergeben sich stets verändernde, niemals sich wiederholende Raumsituationen. Dies wird räumlich ver-stärkt durch die zu verschiedenen Seiten hin sich orientierenden Lufträume, die im Inneren je zwei Geschosse verbinden und sich an der Fassade in Form von geschossübergreifen-

positioned, which belong to the "immersion area" with seminar rooms and a library. Wardrobes and a small café that can be used on a temporary basis are situated in the base of the building.

From the foyer on the ground floor, visitors take the lift to the 4th floor, where the permanent exhibition begins, and they then walk downwards. The permanent exhibition occupies the 4th, 3rd and 2nd floor – the 1st is reserved for special exhibitions. The 5th floor comprises the administration areas and group rooms. All provision of access is bundled in a core, positioned slightly off-centre within the square floor plan. Thus, on the circuit around each floor, narrower spaces appear on the northern and eastern sides, and wider ones to the west and south. Clear orthogonal geometry defines not only the facades, but also the arrangement of all rooms in the interior. Symmetry was explicitly avoided, giving rise to spatial situations that constantly change and never repeat. This is spatially reinforced by the atriums, which are oriented towards different sides, each combining two floors in the interior. On the facade, these are evident in the form of cross-storey window openings, which are given rhythm by vertical concrete members that resemble louvres. This is because the documentation centre building is not conceived as a black box, but as a place at the nucleus of the former centre of the Nazi party, intended to allow visitors to position themselves visually within the historical and current topography. The views of the surroundings constitute an

den, durch vertikale, wie Lamellen wirkende Betonstäbe rhythmisierten Fensteröffnungen abzeichnen. Denn das Haus ist kein als Black-Box konzipiertes Dokumentationszentrum, sondern ein Ort, der am Nukleus des vormaligen NS-Parteizentrums gelegen ist und es den Besuchern erlauben soll, sich visuell in der historischen und aktuellen Topografie zu verorten. Die Ausblicke auf die Umgebung sind für die Konzeption des Gebäudes konstitutiv, das daher auch die klassizistischen Bauwerke ebenso wie den benachbarten „Führerbau" überragt, ohne jedoch den Maßstab des Umfeldes radikal zu sprengen.

Für Dokumentationszentren an Täterorten gibt es keine allgemeinverbindliche architektonische Strategie – außer der Forderung, dass sich die Formensprache eher zurückhaltend darstellen sollte, auf jeden Fall nicht modisch und vordergründig. Das Zuviel an architektonischer Ambition hat seinerzeit Zumthors Projekt der „Topografie des Terrors" in Berlin zu Fall gebracht. Das schließlich in einem neuen Anlauf realisierte Projekt zeigt das Dilemma der Täterorte: Auch wenn Ästhetisierung vermieden werden muss und soll, geht es bei Architektur immer um Gestaltung, die in diesem Fall ihre Möglichkeiten nicht ganz auszuspielen wagt. Günther Domenigs Herausforderung beim Dokumentationszentrum Reichsparteitagsgelände Nürnberg war anders gelagert: Hier war die kräftige Geste einer architektonischen Intervention sinnvoll, um im bombastischen Torso der Kongresshalle ein Zeichen der Andersartigkeit zu setzen.

essential part of the concept behind this building, which thus projects above the classical structures, as well as the neighbouring "Führerbau", but without radically deviating from their scale.

For documentation centres at perpetrator sites, there is no generally binding architectural strategy – except the requirement that the language of forms should appear rather restrained and certainly not trendy or superficial. At the time of Zumthor's "Topography of Terror" project in Berlin, an excess of architectural ambition proved to be its downfall. The project that was ultimately realised in a subsequent attempt reflects the dilemma of perpetrator sites: even though aestheticisation must and shall be avoided, architecture is always about design, and in this case, the design does not quite achieve its full potential. With the Documentation Centre Nazi Party Rally Grounds in Nuremberg, Günther Domenig's challenge was different: here, the powerful gesture of an architectural intervention made sense, in order to set down a marker of otherness within the bombastic torso of the congress hall.

In Munich, Georg · Scheel · Wetzel takes a distinctly more subtle approach. Within a complex urban topography that is characterised by the classical urban expansion from the first half of the 19th century, the reshaping and occupation from the Nazi era, and the subsequent displa-

Georg • Scheel • Wetzel gehen in München ungleich subtiler vor. In einer komplexen ur-
banen Topografie, die von der klassizistischen Stadterweiterung der ersten Hälfte des 19.
Jahrhunderts, der Überformung und Okkupation der NS-Zeit sowie der späteren Verdrängung geprägt ist, verbietet sich ein allzu eindeutiges Zeichen. Das NS-Dokumentationszentrum ist das Gegenteil einer Architecture Parlante; es ist eine Architektur, die bewusst
schweigt, sich vermeintlich neutral und ohne Eigenschaften gibt. Dabei referiert sie in ihrer
Kubatur und Haltung durchaus auf historische Epochen: so die frühen Villen, die unter Carl
von Fischer in der Maxvorstadt realisiert wurden, bevor Leo von Klenze die Planung des
Gebiets um den Königsplatz übernahm; oder die vereinzelten Nachkriegsbebauungen am
Karolinenplatz, etwa die Landesbausparkasse von Josef Wiedemann (1955–56), der später
auch für die Neueinrichtung der Glyptothek verantwortlich war, oder das Amerika-Haus von
Karl Fischer und Franz Simm (1957). Als Lernort ist das Dokumentationszentrum nicht nur
eine bauliche Hülle für die Ausstellungen; es dient auch dazu, die historische Stratigraphie
der Stadt lesbar werden zu lassen: von Carl von Fischer über Leo von Klenze und die grün-
derzeitliche Bebauung bis hin zur Etablierung des NS-Parteiforums und dessen späterer
Verdrängung. So sind die geschossübergreifenden Ausblicke über die Maxvorstadt, über
die Sockel der „Ehrentempel", die „Führerbauten", den Königsplatz und den Bereich des
Karolinenplatzes von entscheidender Bedeutung: Sie erlauben die Verortung und ermögli-

cement thereof, any overly obvious marker would be out of the question. The Documentation Centre for the History of National Socialism is the opposite of architecture parlante; it is architecture that deliberately remains silent, presenting itself as ostensibly neutral and featureless. At the same time, its cubature and stance do indeed refer to historical epochs, like the early villas that were realised under Carl von Fischer in Maxvorstadt before Leo von Klenze took over the planning of the area around Königsplatz, or the individual post-war constructions at Karolinenplatz, such as the Landesbausparkasse building by Josef Wiedemann (1955–56), who was later also responsible for the reconstruction of the Glyptothek, or the Amerikahaus building by Karl Fischer and Franz Simm (1957). As a place of learning, the documentation centre is not merely a structural shell for exhibitions; it also serves to enable the city's historical stratigraphy to be read: from Carl von Fischer, to Leo von Klenze and the development in the period of promoterism, through to the establishment of the Nazis' party forum and the subsequent displacement thereof. Thus, the cross-storey views over Maxvorstadt, over the bases of the "honour temples", over the "Führerbau", Königsplatz and the Karolinenplatz area are of defining significance: they allow positioning and make it possible to project the exhibition content onto the fabric of the city. Last but not least, the documentation centre is a building that, quite physically, adds another layer to the city's pre-existing ones – not dominantly, not submissively, but in the best sense, with abstract means that suit the complexity of the location.

chen es, die Ausstellungsinhalte auf das Gefüge der Stadt zu projizieren. Und nicht zuletzt ist das Dokumentationszentrum ein Gebäude, das ganz physisch den bestehenden Schichten der Stadt eine weitere hinzufügt: nicht dominierend, nicht devot, im besten Sinne mit abstrakten Mitteln der Komplexität des Ortes angemessen.

Man kann den Bau von Georg · Scheel · Wetzel wie eine Kippfigur verstehen, die je nach Lesart im Ensemble der Bauten um den Königsplatz vage im Hintergrund bleibt oder leicht in den Vordergrund drängt. Er wird in seiner bewussten Andersartigkeit erkennbar – und fügt sich doch auch ein. Indem die Architekten die irritierenden Potenziale der Abstraktion nutzen, ist ihnen ein adäquater Ausdruck für einen Lern- und Dokumentationsort an dieser Stelle gelungen: Denn Lernen bedeutet, Differenzen zu erkennen, Lernen heißt Sensibilisierung.

Schlusswort !

This structure by Georg · Scheel · Wetzel can be seen as an ambiguous figure within the ensemble of buildings around Königsplatz: one which, depending on how it is read, either remains vague in the background, or gently pushes its way into the foreground. With its deliberate otherness, it becomes noticeable, yet it also blends in. By making use of abstraction's potential for irritation, the architects have achieved an adequate form of expression for a place of learning and documentation at this location: because learning means recognising differences and learning means raising awareness.

LAGEPLAN
SITE PLAN

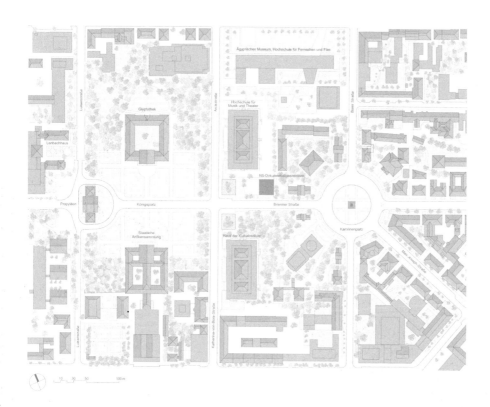

ERDGESCHOSS
GROUND FLOOR

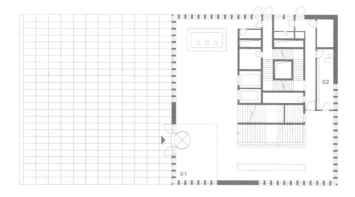

01 Foyer foyer
02 Buchladen book shop

1. OBERGESCHOSS
1st FLOOR

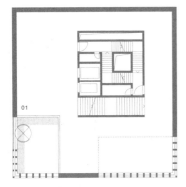

01 Wechselausstellung temporary exhibition

2. OBERGESCHOSS
2nd FLOOR

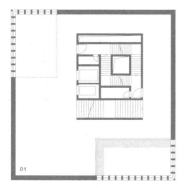

01 Dauerausstellung permanent exhibition

3. OBERGESCHOSS
3rd FLOOR

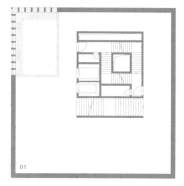

01

01 Dauerausstellung permanent exhibition

4. OBERGESCHOSS
4th FLOOR

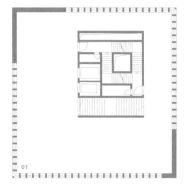

01

01 Dauerausstellung permanent exhibition

5. OBERGESCHOSS
5th FLOOR

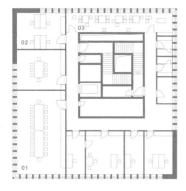

01 Besprechung conference
02 Büro office
03 Pausenraum recreation

1. UNTERGESCHOSS
1st BASEMENT FLOOR

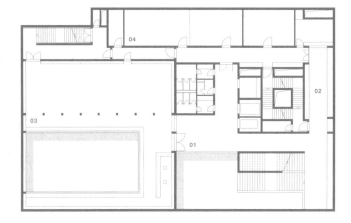

01 Foyer foyer
02 Garderobe wardrobe
03 Seminar/Vertiefung seminar/library
04 Seminar seminar

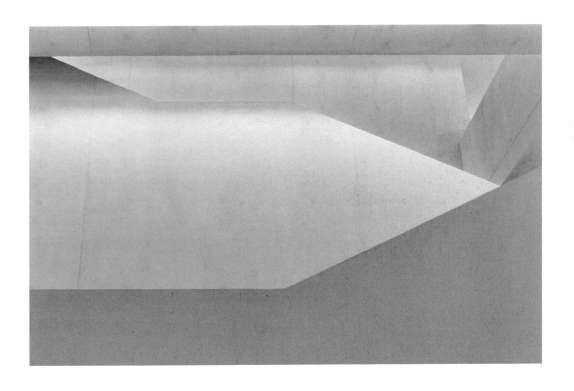

2. UNTERGESCHOSS
2nd BASEMENT FLOOR

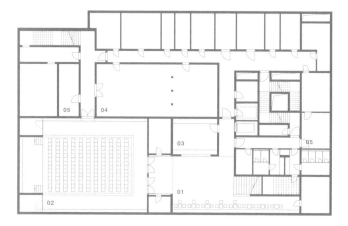

01 Foyer/Café foyer/café
02 Auditorium auditorium
03 Catering catering
04 Technik plant room
05 Depot depot

VERTIKALSCHNITT
VERTICAL SECTION

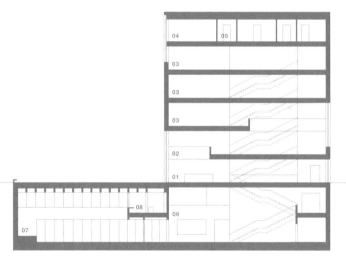

01 Foyer foyer
02 Wechselausstellung temporary exhibition
03 Dauerausstellung permanent exhibition
04 Besprechung concerence
05 Büro office
06 Foyer/Auditorium/Café foyer/auditorium/café
07 Auditorium auditorium
08 Seminar/Vertiefung seminar/library

BIOGRAPHISCHE DATEN
BIOGRAPHIES

BETTINA GEORG

1969	geboren in Hannover
1988–99	Mathematikstudium Universität Hannover, Architekturstudium TU Braunschweig
1999	David Chipperfield Architects, Berlin
2000	Müller Reimann Architekten, Berlin
2000–01	DAI, Architekturreferat, Auswärtiges Amt, Berlin
2000	Gründung Georg • Scheel • Wetzel Architekten
2004–05	Lehrtätigkeit BTU Cottbus
2006	Mitglied des BDA

BETTINA GEORG

1969	born in Hannover
1988–99	study of mathematics at Hannover University, study of architecture at TU Braunschweig
1999	David Chipperfield Architects, Berlin
2000	Müller Reimann Architekten, Berlin
2000–01	DAI, Division of Building, Foreign Office, Berlin
2000	founding of Georg • Scheel • Wetzel Architekten
2004–05	teacher of design at Technical University of Cottbus
2006	member of the Association of German Architects

TOBIAS SCHEEL

1963	geboren in Düsseldorf
1983–91	Architekturstudium TU Braunschweig, ETH Zürich (DAAD-Stipendium)
1992	Prof. E. Gerber, Berlin
1993–99	Prof. O. M. Ungers, Berlin
2000	Gründung Georg • Scheel • Wetzel Architekten
2000–03	Lehrtätigkeit TU Braunschweig

TOBIAS SCHEEL

1963	born in Düsseldorf
1983–91	study of architecture at TU Braunschweig, ETH Zürich (DAAD scholarship)
1992	Prof. E. Gerber, Berlin
1993–99	Prof. O. M. Ungers, Berlin
2000	founding of Georg • Scheel • Wetzel Architekten
2000–03	teacher of design at TU Braunschweig

SIMON WETZEL

1966	geboren in Bonn
1986-94	Architekturstudium TU Braunschweig, EPFL Lausanne (DAAD-Stipendium)
1994-99	A. Scholz Architekten, Berlin, Prof. B. Tonon, Berlin
2000	Gründung Georg • Scheel • Wetzel Architekten
2000-03	Lehrtätigkeit TU Braunschweig

SIMON WETZEL

1966	born in Bonn
1986-94	study of architecture at TU Braunschweig, EPFL Lausanne (DAAD scholarship)
1994-99	A. Scholz Architekten, Berlin, Prof. B. Tonon, Berlin
2000	founding of Georg • Scheel • Wetzel Architekten
2000-03	teacher of design at TU Braunschweig

HUBERTUS ADAM

1965	geboren in Hannover
	Studium der Kunstgeschichte, Philosophie, und Archäologie an der Universität Heidelberg
seit 1992	freiberuflicher Kunst- und Architekturhistoriker sowie Architekturkritiker
1996/97	Redakteur der Bauwelt, Berlin
1998	Redakteur der Archithese, Zürich
2004	Swiss Art Award für Kunst- und Architekturvermittlung
2010–12	Künstlerischer Leiter des S AM, Basel
seit 2013	Direktor des S AM, Basel

STEFAN MÜLLER

1956	geboren in Bonn
1990–95	Studium der Visuellen Kommunikation, FH Dortmund
seit 1995	lebt und arbeitet als freischaffender Fotograf in Berlin

HUBERTUS ADAM

1965	born in Hannover
	study of art history, philosophy and archaeology at Heidelberg University
since 1992	freelance art historian, architectural historian and architecture critic
1996/97	editor of Bauwelt, Berlin
1998	editor of Archithese, Zürich
2004	Swiss Art Award for art mediation and architecture mediation
since 2010	artistic Director at S AM, Basel
since 2013	director at S AM, Basel

STEFAN MÜLLER

1956	born in Bonn
1990–95	study of visual communication at University of Applied Sciences and Arts Dortmund
since 1995	lives and works as freelance photographer in Berlin

VERZEICHNIS DER ABBILDUNGEN
INDEX OF PLATES

DANKSAGUNGEN
ACKNOWLEDGEMENTS

Wir danken den folgenden Firmen für ihre freundliche Unterstützung bei der Mitfinanzierung der vorliegenden Publikation.
We thank the following firms for their kind support in the co-financing of this publication.

Dyckerhoff GmbH

Deutsche Foamglas® GmbH

Kranprofis Allgäu GmbH

Wertach Fertigteilwerk GmbH

ALBRECHT JUNG GmbH & Co.KG

Villeroy & Boch Fliesen GmbH

Bildnachweis credits
Francé, Walter Bernhard: S. 16. Georg • Scheel • Wetzel Architekten: S. 20/21, sämtliche Zeichnungen S. 36–80. Hoffmann, Heinrich: S. 11, 15. Denk-bar, Köpf/Provelegios GbR: S. 12, 13. Müller, Stefan: Einband, S. 6/7, sämtliche Fotografien S. 34–83. Stadtarchiv München: S. 10. Tiefbauamt München: S. 17. Wir bitten Bildrechteinhaber, die bis zum Redaktionsschluss trotz intensiver Recherche nicht identifiziert werden konnten, sich zur Wahrung ihrer Bildrechte bei Georg • Scheel • Wetzel Architekten zu melden.

IMPRESSUM
IMPRINT

NS-Dokumentationszentrum München, Brienner Straße 34, D-80333 München
Bauherr client Landeshauptstadt München
Finanziert durch die Landeshauptstadt München, den Freistaat Bayern und die Bundesrepublik Deutschland.
Financed by the City of Munich, the Free State of Bavaria and the Federal Republic of Germany.
Architektur architecture GEORG · SCHEEL · WETZEL ARCHITEKTEN, Marienstraße 10, D-10117 Berlin
+49 30 2757247-0   buero@gsw-architekten.de   www.georgscheelwetzel.com
Mitarbeiter team Inge Günther, Karin Drexler, Andreas Gülzow, Diego Peña Jurado, Antje Utpatel
Statik structural engineering Lammel, Lerch & Partner, Beratende Ingenieure GbR
Landschaftsarchitektur open space planning Weidinger Landschaftsarchitekten
Objektüberwachung site management Wenzel+Wenzel, Freie Architekten Dipl. Ing., Partnerschaft
Fertigstellung completion 2015

Herausgeber publisher Hubertus Adam
Konzeption + Gestaltung concept + layout GEORG · SCHEEL · WETZEL ARCHITEKTEN
Übersetzung translation Simon Thomas, Berlin
Photographien photographs Stefan Müller, Berlin
Herstellung production Druckerei zu Altenburg, Altenburg
© 2015 GEORG · SCHEEL · WETZEL ARCHITEKTEN und die Autoren
Alle Rechte vorbehalten
All rights reserved
ISBN 978-3-944848-07-5